가마솥과 뚝배기에 담긴
우리 음식이야기

글 햇살과나무꾼

햇살과나무꾼은 어린이책을 사랑하는 사람들이 모여 만든 기획실로 세계 곳곳에 묻혀 있는 좋은 작품을 찾아 우리말로 소개하고 어린이의 정신에 지식의 씨앗을 뿌리는 책을 집필하고 있습니다. 지금까지 쓴 책으로는 《달구지랑 횃불이랑 옛날의 교통 통신》, 〈마법의 두루마리〉 시리즈 등이 있고, 옮긴 책으로는 《학교에 간 사자》 《화요일의 두꺼비》 《프린들 주세요》 등이 있습니다.

그림 김주리

홍익대학교 섬유미술과를 졸업했고, 줄곧 어린이 책에 그림을 그려 왔습니다. 그 동안 그린 책으로 《세상에서 가장 큰 집》 《작다고 얕보지 마!》 《피터와 늑대》 《코코 샤넬》 《앤드류 카네기》 《꿈틀꿈틀 흙이 있어요》 등이 있습니다.

옛 물건으로 만나는 우리 문화 01

가마솥과 뚝배기에 담긴 우리 음식 이야기

초판 16쇄 발행 2024년 11월 1일

글쓴이 햇살과나무꾼 | **그린이** 김주리 | **펴낸이** 김사라 | **펴낸곳** 해와나무

출판등록 2004년 2월 14일 제312-2004-000006호

주소 서울특별시 영등포구 양산로23길 17 2층 | **전화** (02)364-7675(내용), 362-7675(구입) | **팩스** (02)312-7675

ISBN 978-89-91146-20-4 74380   978-89-91146-19-8 (세트)

ⓒ 햇살과나무꾼 2005

- 값은 뒤표지에 있습니다.
- 책 내용의 일부 또는 전부를 인용하거나 발췌하려면 반드시 저작권자와 출판사 양측의 서면 동의를 구해야 합니다.

제조자명 : 해와나무 **제조국명** : 대한민국 **제조년월** : 2024년 11월 1일 **대상 연령** : 8세 이상
전화번호 : 02-362-7675 **주소** : 서울특별시 영등포구 양산로23길 17 2층
*KC마크는 이 제품이 공통안전기준에 적합하였음을 의미합니다.
주의 : 책의 모서리에 다치지 않게 주의하세요.

의 인정이 숨어 있지요.

'옛 물건으로 만나는 우리 문화' 시리즈는 대대로 이어지는 옛날 물건을 통해 우리 겨레의 삶과 지혜, 문화와 풍습을 살펴보고자 마련되었어요.

복주머니와 그네, 가마솥과 뚝배기, 쟁기와 물레 등 손때 묻은 옛 물건들과 함께 과거로 시간 여행을 떠나 보도록 해요. 그래서 역사 속에 생생하게 살아 있는 옛 물건을 살펴보고, 옛 물건 속에 생생하게 살아 있는 역사를 찾아봅시다.

햇살과나무꾼

차례

들어가는 글 음식 문화에 숨어 있는 겨레의 삶과 지혜 8

이야기마당 며느릿감 시험 10

정보마당 밥을 먹고 사는 민족 18
가마솥 | 주발과 바리 | 조리 | 이남박 | 새옹 | 키

밥그릇 옆 국그릇 22
대접 | 주막 | 신선로 | 된장독 | 전골틀 | 쟁기

식사를 돕는 수저 26
숟가락과 젓가락 | 수젓집 | 사시 | 바가지 | 은수저

음식 맛은 장맛 30
장독 | 메주 | 짚 | 숯 | 체 | 고추

반찬의 꽃 김치 34
김치광 | 보시기 | 돌확 | 젓갈독 | 이중독

소중한 날을 함께하던 떡 38
시루 | 목판 | 절구 | 번철 | 뒷간 | 떡살

귀신도 대접하고 사람도 대접하던 술 42
소줏고리 | 누룩고리 | 술독 | 용수 | 도자기 | 초 항아리

음식과 약은 하나 46
양념 단지 | 약탕기 | 뚝배기 | 술병 | 약식 | 동의보감

고기보다 친근한 나물 반찬 50
소쿠리 | 자배기 | 콩나물시루 | 채반 | 다래끼

통과의례와 함께하는 특별한 상차림 54
원반 | 제기 | 망건과 비녀 | 삼신상 | 고배 음식 | 반병두리

배움마당
가마솥에 지은 밥은 왜 맛이 좋을까? 58
세계인의 영양식 김치 60
왜 곰팡이가 핀 메주로 장을 담글까? 62
음식 맛을 지켜 주는 그릇 옹기 64
3첩 반상, 5첩 반상이 무슨 뜻일까? 66
짭짤한 남쪽 음식, 심심한 북쪽 음식 67
임금님은 무엇을 먹고 살았을까? 68
여름에는 시원한 사기그릇, 겨울에는 따뜻한 놋그릇 70
음식을 남기는 것이 예의였다고? 72
옛날에는 기름 묻은 그릇을 어떻게 닦았을까? 74

익힘마당 옛날 물건 VS 요즘 물건 76

들어가는 글

음식 문화에 숨어 있는 겨레의 삶과 지혜

지금부터 백 년 전쯤, 우리나라에 처음 온 서양 선교사들은 김치와 된장을 보고 깜짝 놀랐대요. 쉰내, 군내가 콜콜 나는 음식을 어떻게 먹을 수 있냐고요.

김치와 된장은 곰팡이와 균류 같은 아주 작은 생물의 힘을 빌려 만드는 발효 식품이에요. 곰팡이와 균류는 실제로 썩은 음식에 많이 꾀니까, 생전 처음 보는 사람들은 그런 생각을 할 수도 있지요.

그런데 요사이에는 세계 사람들이 우리 김치와 된장을 전혀 다른 눈으로 보고 있답니다. 김치와 된장이 암을 비롯한 갖가지 질병을 예방하고 치료하는 데 효과가 있다는 사실이 계속 밝혀지고 있기 때문이지요.

김치는 먼 옛날 우리 조상들이 추운 겨울에 신선한 채소를 먹을 방법을 궁리하다가 담그게 되었대요. 된장도 콩을 오래 두고 먹을 방법을 찾다가 담그게 되었다고 하고요.

대대로 이어지는 전통 음식과 음식 문화에는 이렇듯 겨레의 삶과 지혜가 녹아 있어요. 이 책은 바로 그런 이야기를 담고 있지요. 날마다 먹는 밥과 반찬에는 농사를 지으며 살아온 조상들의 삶이 녹아 있고, 삼계탕처럼 절기에 맞춰 먹는 시절 음식과 양념, 약주 등에는 음식을 통해 건강을 다스리고자 노력한 조상들의 뜻이 담겨 있답니다.

그럼 이제 다정한 옛물건들과 함께 우리 조상들의 음식 문화 속으로 들어가 볼까요?

며느릿감 시험

옛날 어느 마을에 큰 부자가 살았어요. 그 부자한테는 결혼할 나이가 된 아들이 하나 있었는데, 워낙 돈이 많다 보니 딸을 주겠다는 사람이 줄을 이었어요. 하지만 그 부자는 좀처럼 결정을 못했어요. 살림을 잘해서 재산을 계속 불려 줄 아가씨를 며느리로 들이고 싶은데, 어떤 아가씨가 그런 아가씨인지 겉만 보고는 알 수가 없었거든요.

'며느리가 좋아야 집안이 잘된다는데……. 어떻게 해야 지금 있는 재산을 지키고 더욱 불려 나갈 며느릿감을 찾을 수 있을까?'

궁리 끝에 부자는 시험을 치러서 며느리를 뽑기로 했어요. 집 근처에 초가집을 한 채 마련해 놓고, 그 집에서 한 달을 버티는 아가씨를 며느리로 삼겠다고 했지요.

단, 그 집에 먹을 것이라고는 잡곡 한 되와 시어 빠진 김치 한 포기, 간장 한 종지뿐이었어요. 반찬이야 그렇다 쳐도 잡곡 한 되는 한 사람이 이레도 나기 힘든 양이었으니, 굶을 각오를 하지 않고는 붙기 어려운 시험이었지요.

　아니나 다를까, 한 해가 지나도록 며느릿감 시험에 붙은 아가씨는 하나도 없었어요. 수많은 아가씨들이 시험을 보러 왔지만 며칠 못 가 빈 뒷박만 남겨 둔 채 집으로 돌아갔지요. 그중에는 하루에 세 끼씩 계산해 쌀 한 되를 구십 등분하다 질려서 집으로 돌아간 아가씨도 있고, 잡곡 몇 톨로 미음만 끓여 먹다가 기운을 잃고 업혀 나간 아가씨도 있었어요.
　찾아오는 아가씨마다 시험에 떨어지자, 아들은 속이 바짝 탔어요.
　'이러다 영영 혼자 살아야 하는 건 아닐까? 아버지는 왜 이렇게 어려운 시험을 내셔서…….'
　바로 그 무렵에 또 한 아가씨가 며느릿감 시험을 보겠다고 찾아왔어요. 그런데 그 아가씨는 오자마자 밥부터 지었답니다. 아끼고

아껴도 한 달을 버티기 힘든 곡식을 이남박에 푹 퍼담고는 물을 붓고 박박 문질러 씻었지요.

며느릿감 시험을 보는 초가집에는 아가씨들이 가족의 도움을 받지 않는지 보려고 옆에 붙어 있는 할머니가 하나 있었어요. 할머니는 그 아가씨를 멍하니 바라보다가 딱하다는 듯이 물었어요.

"아가씨, 이 집에 밥을 먹으러 온 거야, 시험을 보러 온 거야? 처음부터 이렇게 먹어치우면 나중에 어떻게 할 생각이우?"

아가씨가 태연하게 대답했어요.

"일단 밥부터 먹고 나서 생각하려고요. 저는 속이 든든해야 머리도 잘 돌아가거든요."

그러고는 김치를 죽죽 찢어 맛있게 밥을 먹었답니다.

이윽고 식사를 끝낸 아가씨는 설거지를 하고 집 안을 주욱 살펴보았어요. 그러더니 소매를 척척 걷어붙이고 청소를 시작했어요.

할머니는 또 한 번 놀랐어요.
'먹는 것만 밝히는 줄 알았더니 청소도 야무지게 잘하네.'
사실 그동안 며느릿감 시험을 보러 온 아가씨 중에 청소를 한 사람은 아무도 없었어요. 청소를 하면 힘이 들고, 힘이 들면 밥 생각이 나니까 다들 집 안 꼴이 어떻게 되든 상관하지 않았지요. 밥을 먹고 설거지를 하는 게 신기할 정도였어요.
그런데 이 밥보 아가씨는 밥을 많이 먹어 기운이 남아도는지, 빗자루와 걸레를 들고 온 집 안을 싹싹 쓸고 닦았어요. 그리고 뿌듯한 얼굴로 집 안을 쓱 둘러보더니, 할머니에게 이렇게 말했답니다.
"할머니, 저는 밥 배가 커서 굶거나 조금 먹고는 견디지를 못해요. 그러니 이 집에서 한 달을 버티려면 일을 해서 먹을 것을 버는 수밖에 없을 것 같아요. 그래서 말인데요 할머니, 제가 할 수 있을 만한 일감을 좀 찾아 주시겠어요? 오랫동안 이곳에 사셨으니 마을 사람들을 잘 아실 것 아니에요?"
할머니는 고개를 설레설레 저었어요.
"어휴, 아가씨, 일은 아무나 하나? 괜히 다리를 놓아 주었다가 나까지 욕을 먹으면 어떻게 해?"
그러자 아가씨가 자신 있게 말했어요.
"걱정 마세요, 할머니. 이래 봬도 저, 일 하나는 잘해요. 특히 바느질이랑 물레질이랑 길쌈 솜씨는 우리 마을에서도 따를 사람이 없답니다. 할머니가 욕을 먹는 일은 없을 거예요."
　아가씨는 할머니의 대답은 듣지도 않고,
　"내일부터 일을 하려면 푹 자 둬야겠네."
　하고는 바로 잠자리에 들었답니다.

이튿날, 할머니는 시험 삼아 아가씨에게 바느질 일감을 구해다 주었어요. 그런데 아가씨는 정말로 바느질 솜씨가 좋았어요. 바늘 땀이 자로 잰 듯이 고르고 가지런한 데다, 버선에서부터 어른들 두루마기까지 짓지 못하는 옷이 없었지요.

덕분에 일감이 줄을 이었고 초가집에는 바느질삯으로 들어온 곡식과 나뭇짐, 베가 그득 쌓였어요. 아가씨는 그 곡식으로 밥을 짓고, 그 나뭇짐으로 불을 때고, 그 베를 팔아 반찬거리를 샀어요. 그러고는 배불리 밥을 먹고, 더욱 열심히 일했지요.

이윽고 한 달이 지나자 아가씨가 묵던 초가집의 뒤주에는 남은 곡식이 수북이 쌓였어요. 방 안에는 베가, 담벼락에는 땔감으로 쓸 나무가 가득 쌓여 있었고요. 집 안도 어찌나 쓸고 닦았던지 반짝반짝 윤이 났고, 아가씨도 배불리 잘 먹어서 얼굴이 뽀얗게 피어났답니다.

그랬으니 어떤 시아버지가 이런 며느릿감을 마다하겠어요? 부자는 어깨춤을 추며 그 아가씨를 며느리로 맞았어요. 부지런히 먹고 부지런히 일해 부잣집 며느리가 된 아가씨는 그 뒤 남편과 시어른들의 사랑을 듬뿍 받으며 행복하게 잘 살았답니다.

밥을 먹고 사는 민족

우리가 날마다 먹는 음식 가운데 가장 중요한 것이 무엇일까요? 아마도 밥일 거예요. 과일이나 채소는 끼닛거리가 되지 못하고, 라면이나 빵 같은 밀가루 음식은 계속 먹으면 질리기 십상이고, 고기나 생선 요리는 밥 없이 계속 먹기에는 허전하지요.

사실, 우리는 일 년 열 두 달 거의 모든 끼니를 밥으로 해결해요. 밥을 먹어야 힘을 내서 일을 하고 뛰어 놀고 공부할 수 있지요.

그런데 우리 겨레는 언제부터 밥을 먹었을까요?

우리 조상들은 5천여 년 전, 농사를 짓기 시작하면서부터 밥을 먹기 시작했답니다. 처음에는 조, 피, 수수 등으로 지은 잡곡밥을 먹다가, 4천여 년 전에 벼농사를 짓기 시작하면서 쌀밥도 먹게 되었지요.

크고 무거운 가마솥을 어떻게 닦았을까?

가마솥은 무거워서 들기가 힘들어요. 그래서 부뚜막에 걸어 둔 채 닦았답니다. 물을 부어 딱지를 불리고 짚이나 수세미로 닦은 다음에 바가지로 물을 퍼내고 깨끗한 물을 몇 차례 더 부어 헹구었지요.

가마솥 옛날에 밥을 지어 먹던 솥이에요. 무쇠로 만들었는데 너무 크고 무거워서 대개 부뚜막에 걸어 놓고 썼지요. 옛날 사람들은 집을 새로 짓거나 이사를 가면 부뚜막에 가마솥부터 걸었어요. 밥을 먹어야 힘을 내서 일을 하고 끼닛거리를 마련할 수 있었으니까요. 부뚜막에 가마솥을 건다는 것은 살림, 곧 삶을 시작한다는 뜻이었답니다.

주발과 바리

큰 그릇이 주발이고 작은 그릇이 바리예요.
주발은 남자들이 쓰던 밥그릇이고, 바리는 여자들이 쓰던
밥그릇이지요. 옛날 사람들이 쓰던 밥그릇은
요즘 우리가 쓰는 밥그릇보다 훨씬 크답니다.
옛날 사람들은 대개 하루에 두 끼를 먹었는데, 한 끼에
먹는 밥의 양이 지금 우리보다 훨씬 더 많았거든요.

조리

쌀을 일 때 쓰던 도구예요. 쌀에 물을 붓고 조리를
앞뒤로 가볍게 흔들면 가벼운 쌀은 떠오르고 돌은
가라앉아요. 그러면 떠오르는 알곡만 조리로 건져 내
밥을 지었지요. 옛날 사람들은 조리가 쌀을 일듯이
복을 일라는 뜻으로, 새해 아침마다 조리를 새로 사서
집 안에 걸어 두었답니다.

이남박

쌀이나 잡곡을 씻던 바가지예요.
통나무를 깎아 만드는데,
안에 골이 여러 줄 패어 있어
곡식을 문질러 씻기 좋았어요.

새옹

갑자기 손님이 찾아와서 한 사람이 먹을 밥을 지어야 할 때,
옛날 사람들은 새옹에 쌀을 안치고 화롯불에 밥을 지었어요.
새옹은 놋쇠로 만든 작은 솥을 말하는데,
한두 사람이 먹을 밥을 짓기에 딱 좋은 크기였지요.

키

가을에 거둔 벼나 보리로 밥을 지으려면,
겉껍질을 벗기고 쭉정이와 겨를 골라내야 해요.
키는 이때 쓰던 도구예요. 곡식을 키에 담고
키 끝을 위아래로 흔들면 가벼운 쭉정이와
겨는 날아가고 알곡만 남았지요.

밥그릇 옆 국그릇

　우리 겨레는 예부터 국물 요리를 좋아했어요. 밥그릇 옆에는 어김없이 국그릇을 놓았고, 밥숟가락을 뜨기 전에 국부터 한 숟가락 떠먹었지요. 바쁘거나 먹을 것이 변변치 않을 때에는 다른 반찬 없이 국에다 밥을 말아 한 끼를 해결하기도 했어요.

　사실, 세계에서 우리처럼 국물 요리를 좋아하는 민족은 없다고 해요. 유럽에는 아예 국이라는 음식이 없어요. 이웃 나라인 일본과 중국에는 국이 있지만 우리처럼 가짓수가 많지 않고, 국물에 밥을 말아 먹는 풍습도 없답니다.

대접 국을 담아 먹는 그릇이에요. 주발과 바리가 그렇듯이, 옛날 대접도 요즘 우리가 쓰는 국그릇보다 훨씬 크지요. 지금도 우리 밥상에서는 국물 요리가 거의 빠지지 않지만, 옛날에는 국 없이 밥을 먹는다는 것은 생각할 수도 없었어요. 국은 밥상에 반드시 오르던 기본 반찬으로, 반찬의 가짓수를 셀 때 아예 반찬 수에 넣지도 않았답니다.

무더운 여름철에도 뜨거운 국을 먹었을까?

건강을 위해 삼계탕이나 보신탕 같은
뜨거운 국물 요리를 먹기도 했지만,
여름철에는 대개 차가운 국을 먹었어요.
차게 먹는 국을 냉국이라고 하는데,
오이냉국, 미역냉국, 냉콩국이
여기에 들어갑니다.

주막

옛날에 사람들이 많이 지나다니는 길목이나 장이 서는 장터에는 주막이 있었어요. 주막은 오고 가는 사람들에게 밥이나 술을 팔고 잠자리를 내주었는데, 주막에서 파는 밥은 대개 국에 밥을 만 국밥이었답니다.

신선로

불을 피우는 연통이 붙어 있는 그릇이에요. 가운데 있는 연통에 숯불을 넣고, 밥상 위에서 음식을 끓여 먹게 되어 있지요. 신선로로 끓인 음식은 열구자탕, 또는 그릇 이름대로 신선로라고 해요. 열구자탕은 산과 들과 바다에서 나는 갖가지 귀한 재료에 맑은 쇠고기 국물을 부어 만드는 아주 특별한 음식이랍니다.

된장독

옛날에 백성들은 된장국을 가장 즐겨 먹었어요. 된장국은 쌀뜨물에 된장을 풀고 냉이, 쑥, 호박 등 제철에 구하기 쉬운 채소를 넣어 끓이지요. 단백질이 풍부한 콩으로 만든 된장을 이용하므로, 된장국은 가난한 백성들에게 단백질을 제공해 주는 훌륭한 음식이었답니다.

전골틀

전골을 끓이던 그릇이에요. 전골은 국보다 국물의 양이 적은 음식을 말하는데, 상 옆에 화로를 갖다 놓고 그 자리에서 끓여 먹는 것이 특징이에요. 육류나 생선, 조개류를 건더기로 넣는데, 즉석에서 끓여 먹기 때문에 더욱 맛이 좋지요.

쟁기

조선 시대의 왕들은 봄이 오면 선농단에서 풍년을 기원하는 제사를 지내고, 백성들 앞에서 몸소 쟁기를 이용해 밭을 가는 시범을 보였어요. 그리고 쇠뼈를 곤 국물에 밥을 말아 구경 온 백성들에게 한 그릇씩 나눠 주었지요. 이 국물 음식이 이어져 지금의 설렁탕이 되었다고 해요.

식사를 돕는 수저

인도 사람들은 손으로 식사를 해요. 유럽 사람들은 포크와 나이프로 식사를 하고요.

일본 사람들은 우리처럼 밥과 반찬을 먹지만 젓가락만 가지고 식사를 해요. 한 손에는 젓가락을 들고 한 손에는 밥그릇을 들고서, 젓가락으로 밥을 입안으로 쓸어 넣지요.

중국 사람들은 젓가락과 숟가락을 모두 써요.

국과 숟가락은 찰떡궁합

국에 만 밥은 숟가락이 없으면 쉽게 떠먹을 수가 없어요. 우리 나라는 국에 밥을 말아 먹는 식사 습관이 발달했기 때문에, 다른 나라에서는 잘 안 쓰는 숟가락을 중요하게 쓴답니다.

하지만 우리처럼 숟가락으로 밥을 떠먹지는 않는답니다. 숟가락은 탕(중국의 국물 요리)을 먹을 때만 쓰고 나머지 음식은 모두 젓가락으로 먹어요. 숟가락으로 밥을 먹고 젓가락으로 반찬을 먹는 나라는 세계에서 단 한 곳, 우리나라뿐이랍니다.

숟가락과 젓가락   우리 조상들은 고려 시대 이후로 숟가락으로 밥과 국물 요리를 떠먹고 젓가락으로 반찬을 집어먹는 식사 습관을 굳혔다고 해요. 숟가락으로 밥을 떠먹으면 흘릴 일이 없기 때문에 우리 조상들은 밥그릇을 상에 내려놓고 밥을 먹었어요. 반면에 젓가락으로 밥을 먹는 일본과 중국 사람들은 밥그릇을 손에 들고 식사를 한답니다.

수젓집

숟가락과 젓가락을 넣는 주머니예요.
수저를 쓴다는 것은 밥을 먹는다는 뜻이고,
밥을 먹는다는 것은 살아 있다는 뜻이에요.
그래서 옛날 사람들은 수저를 아주 중요하게
여겼답니다. 결혼을 하는 새색시는 아무리 가난해도
자신이 쓸 수저 한 벌은 혼수로 가져갔고,
손수 수젓집을 수놓아 가기도 했어요.

사시

사기로 된 숟가락이에요.
손잡이가 짧고 국물을 뜨는 부분이 우묵한데,
식혜, 수정과, 화채 등 건더기가 있는
음료를 떠먹을 때 썼어요.

바가지

바쁜 농사철에 백성들은 들에서 일을 하다가
점심을 먹었어요. 여자들이 아침에 먹고 남은 밥과
반찬을 커다란 바가지에 담아 오면, 각자 작은 바가지에
밥과 반찬을 양껏 퍼 담아 숟가락으로 슥슥 비벼 먹었지요.
바로 이 음식이 우리가 잘 아는 비빔밥이에요.
비빔밥은 밥을 비비고, 비빈 밥을 떠먹을 수 있는
숟가락이 없었다면 생겨나지 않았을지도 모른답니다.

은수저

옛날에 임금님은 은으로 된 수저로 밥을 먹었어요.
은이 보기에도 좋고 몸에도 좋았지만, 무엇보다 음식에 독이 있는지
알려 주는 성질이 있었거든요. 옛날에 우리나라에서 가장 흔한
독약은 비상이었는데, 은수저는 비상이 닿으면
색깔이 까맣게 바뀐답니다.

음식 맛은 장맛

간장, 된장, 고추장은 우리 조상들이 음식에 간을 볼 때 가장 기본으로 사용하던 조미료였어요. 국을 끓일 때, 나물을 무칠 때, 생선을 조릴 때 등 음식을 하면서 장을 넣지 않는 경우가 거의 없었기 때문에 '음식 맛은 장맛'이라는 말까지 나왔지요.

옛날 사람들은 장을 담그고 간수하는 일을 무척 중요하게 여겼어요. 장 담그는 날이 정해지면, 집안 아낙네들이 바깥나들이를 삼가는 것은 물론이고, 안 좋은 일을 당한 사람이 집 안에 드나드는 것도 막았어요. 그러다 장 담그는 날이 되면 장독대 앞에서 고사를 지냈고, 장을 담근 뒤에는 장맛이 바뀌지 않기를 빌며 아침저녁으로 장독대 주위를 깨끗이 청소했답니다.

장독

장맛이 바뀌면 집안에 나쁜 일이 생긴다고 믿었기 때문에 옛날 사람들은 장을 간수하는 일에 신경을 많이 썼어요. 볕이 잘 들고 바람도 잘 통하는 곳에 장독대를 마련해 놓고서 아침저녁 마른행주로 장독을 깨끗이 닦았지요. 장에 해로운 곰팡이가 피지 않도록 볕이 좋으면 뚜껑을 열어 햇볕에 쬐어 주었고, 해가 지거나 눈비가 오면 잊지 않고 뚜껑을 닫아 주었답니다.

장독에 버선본을 붙인 까닭은?

장독에 한지로 오린 버선본을 거꾸로 붙여 두면 장맛을 망치는 귀신이 버선본을 보고 놀라서 달아난대요. 솔잎, 고추, 숯 등을 끼워 만든 새끼줄인 '금줄'을 장독에 두르는 것도 장맛을 망치는 귀신을 쫓기 위해서랍니다.

메주

간장, 된장, 고추장을 담그는 가장 중요한 재료예요.
옛날에는 겨울에 김장을 마치면 집집마다
메주를 쑤었어요. 메주를 쑬 때는 먼저 콩을 물에
불렸다가 솥에 넣고 푹 삶아요. 그런 다음 절구에 넣고
찧어서 둥글거나 네모나게 빚으면 메주가 완성되지요.
왼쪽의 그림은 메주 덩어리를 메주틀에
눌러 담은 모습이에요.

짚

빚어 놓은 메주는 따뜻한 온돌방에 짚을 깔고
드문드문 포개 놓거나, 짚으로 하나씩 엮어 처마 밑이나
시렁(방이나 마루의 벽에 가로질러 놓았던 두 개의 긴 나무)에 매달아
놓았어요. 그러면 짚에 살고 있는 곰팡이가 메주로 옮겨 가
메주의 콩을 맛좋고 소화하기 좋게 만들어 준답니다.

숯

메주에 곰팡이가 알맞게 피고 잘 말라서 단단해지면,
씻어서 소금물을 부어 장을 담갔어요. 그리고 이틀 뒤엔
장독에 숯과 대추, 고추를 서너 개씩 띄웠지요.
새빨간 고추와 대추, 그리고 까만 숯이 장맛을 망치는
귀신을 쫓아 준다고 믿었기 때문이에요.
실제로 숯과 고추는 장에서 해로운 세균을 없애는
역할을 한답니다.

체

장을 담그고 나서 두 달쯤 지나면,
장독에서 불은 메주를 조심스레 건져 낸 다음에
체를 받쳐 놓고 간장을 걸렀어요.
걸러 낸 간장은 가마솥에 붓고 한 차례 달인 뒤에
새 독에 보관했고, 건져 낸 메주와 메주 부스러기는
독에 담고 한 번 더 삭혀 된장을 만들었지요.

고추

고추는 약 4백 년 전에 우리나라에 들어왔어요.
우리 조상들은 고추의 매운 맛에 반해 음식에 고춧가루를
양념으로 넣고, 메줏가루와 섞어 고추장을 담그기 시작했어요.
고춧가루를 넣고 버무린 새빨간 김치도 이때 처음 나타났답니다.

반찬의 꽃 김치

 일 년 열두 달 하루도 빠짐없이 밥상에 오르는 반찬이 있어요. 고춧가루를 넣어 새빨갛게 담그기도 하고, 물을 부어 시원하게 담그기도 하는 반찬. 아삭아삭 새콤달콤해서 입맛을 돋우는 반찬. 바로 김치예요.

 '김치'란 채소를 소금에 절여 양념을 넣고 버무린 반찬을 모두 일컫는 말이에요. 우리 조상들이 겨울철에 채소를 먹을 방법을 궁리하다 만들게 되었지요. 채소를 소금에 절이면, 채소를 썩히는 세균이 살 수 없게 되어 오래 두고 먹을 수 있답니다.

김장독을 땅에 묻으면 김치가 얼지 않는 까닭은?

땅 위의 기온이 영하로 뚝 떨어져도 땅 속은 늘 0℃에서 10℃ 사이를 유지해요. 그래서 땅에 묻은 김치는 겨울철에도 얼지 않는답니다.

김치광

우리 조상들은 겨울철에 김장을 하면 김장독이 얼지 않도록 땅에 묻고, 독 위를 짚으로 덮거나 바람막이 지붕으로 덮어 주었어요. 이렇게 김치를 보관하던 곳을 '김치광'이라고 하지요. 김치광에 김치를 보관하면 겨우내 김치가 얼지 않을 뿐 아니라, 알맞게 익어 오랫동안 맛있게 먹을 수 있답니다.

보시기

김치를 담던 그릇으로, 찌개처럼 국물이 자박한 음식을 담을 때도 썼어요. 김치는 밥, 국과 함께 밥상에 항상 오르는 음식이기 때문에 반찬의 가짓수를 셀 때 넣지 않았답니다.

이렇게 끼니마다 밥상에 빠지지 않는 김치를 겨울에도 먹기 위해, 우리 조상들은 추위가 닥치기 전에 김치를 한꺼번에 담가 놓았어요. 이를 '김장'이라 하지요.
김장은 보통 품앗이로, 마을 아낙네들이 이 집 저 집 돌아가며 함께 담갔답니다. 몇몇은 절인 배추를 물에 헹궈 소쿠리에 건지고, 몇몇은 자배기에 배추와 양념을 버무리면서 사이좋게 일하였지요.

돌확

김치에는 마늘, 고추, 생강을 비롯한 여러 가지 양념이 들어가요. 돌확은 이런 양념을 갈던 조그만 돌그릇으로, 남부 지방에서 널리 쓰였어요.
돌확에 양념을 넣은 다음에 둥근 돌멩이 같은 것을 잡고 갈았지요.

젓갈독

젓갈은 생선이나 조개를 소금에 절여 만든 음식이에요. 밑반찬으로 많이 먹지만, 김치의 양념으로도 그만이지요. 옛날 젓갈은 해산물이 풍부한 해안 지방에서 만들어 독째로 날라다 팔았어요. 이때 쓰던 젓갈독은 김칫독이나 된장독과 달리 배가 홀쭉했답니다. 불룩한 독보다는 홀쭉한 독이 배나 수레, 지게에 싣고 나르기 편했거든요.

이중독

무더운 여름에 김치가 빨리 상하지 않게 하려고 우리 조상들은 이중독이라는 특별한 독을 개발했어요. 이중독은 대개 산과 계곡이 많은 산악 지방에서 사용했는데, 독의 윗부분에 물이 흐르는 턱이 달려 있었어요. 그래서 물이 떨어지는 계곡에 놓아두면 위아래로 물이 흐르면서 독 안의 김치를 식혀 주었답니다.

소중한 날을 함께하던 떡

우리 조상들은 특별한 날이 되면 꼭 떡을 해 먹었어요. 아이가 태어나 백일을 맞으면 백설기를 하고, 첫 돌부터 열 돌까지는 생일마다 붉은 수수경단을 했어요. 혼례를 치르거나 환갑을 맞을 때에도 떡을 하고, 철 따라 돌아오는 명절에도 떡을 해 먹었지요. 제사를 지내거나 굿을 할 때 역시 상에 떡을 올려 복을 빌었고요.

떡은 조상과 천지신명께 바치는 음식이기도 하고, 사람들 사이에 인정을 나누는 음식이기도 했어요. 기쁜 날을 맞아 떡을 하든, 슬픈 일이 생겨 떡을 하든, 우리 조상들은 떡을 하면 늘 이웃과 나누어 먹었지요. '남의 떡으로 설을 쇤다'는 속담도 그래서 나왔답니다.

시루

떡을 찔 때 쓰던 옹기그릇이에요. 바닥에 구멍이 여러 개 뚫려 있어, 물솥에 올려놓고 불을 때면 뜨거운 김이 시루 안의 떡을 익혀 주었지요. 바닥의 구멍으로 떡가루나 반죽이 빠지지 않도록, 떡을 안치기 전에는 시루 바닥에 칡덩굴이나 짚을 깔고 그 위에 베 보자기를 한 겹 더 깔았어요. 뜨거운 김이 시루 안에 오래 머물도록 시루 위에는 시루 방석을 덮어 두었고요.

이사를 가면 왜 팥시루떡을 돌릴까?

옛날 사람들은 귀신이나 도깨비가 붉은색을 싫어한다고 믿었어요. 그래서 이사를 가거나 새로 큰일을 시작할 때면 붉은 팥시루떡을 해서 제사를 지내고 이웃과 나눠 먹었답니다.

목판

고사나 제사 때 쓴 떡은 복을 몰고 오는 떡이라고 해서 집집마다 돌려 먹었어요. 목판은 떡을 담아 나르던 그릇인데, 모나게 생겼다고 해서 모판이라고도 불러요.

절구

떡가루를 내거나 시루에 찐 떡을 칠 때 쓰던 도구예요. 옛날에는 명절이 다가오면 쿵덕쿵덕 방아 찧는 소리가 온 마을에 울려 퍼졌어요. 하지만 방아 찧는 소리는 찧을 곡식이 없는 가난한 사람들에게는 서러운 소리였지요.
신라 때의 가난한 음악가 백결 선생은 설을 앞두고 들려오는 이웃집의 떡방아 소리에 눈물 흘리는 아내를 위해 거문고로 방아 소리를 연주하기도 했답니다.

번철

우리 조상들이 즐겨 먹던 떡 중에는 진달래꽃전이나 수수부꾸미처럼 기름에 지져 만드는 떡도 있어요. 번철은 떡을 지지던 그릇으로, 솥뚜껑을 뒤집어 놓은 모양을 하고 있었어요. 사실 가난한 백성들은 대부분 번철 대신에 솥뚜껑을 뒤집어 놓고 떡을 부쳐 먹었답니다.

뒷간

옛날에는 뒷간이 깊고 허술해서 아이들이 똥통에 곧잘 빠졌어요. 이렇게 똥통에 빠진 아이를 건져 내면 아이의 부모는 떡을 해서 이웃에 돌렸답니다. 송편 크기로 만든 쌀떡 백 개를 아이한테 들려 '똥떡 똥떡' 외치고 다니며 이웃에 나눠 주게 했지요. 그래야 아이의 몸에 똥독이 오르지 않는다고 믿었거든요.

떡살

떡에 무늬를 찍던 판이에요. 옛날에는 집안마다 떡살의 무늬가 조금씩 달랐어요. 떡살 무늬가 집안을 나타내는 고유한 표시가 되기 때문에, 옛날 사람들은 떡은 나누어 먹어도 떡살은 좀처럼 빌려주지 않았답니다. 어쩔 수 없이 떡살 무늬를 바꾸어야 할 때는 집안 어른 모두의 허락을 받았다고 해요.

귀신도 대접하고 사람도 대접하던 술

　조상님께 제사를 지낼 때 절대로 빠뜨려서는 안 되는 음식이 한 가지 있어요. 예정 없이 조상님의 무덤을 둘러보게 되었을 때도 이 음식만은 꼭 가져가지요. 바로 술이랍니다.

　먼 옛날 우리 조상들이 가을걷이를 마치고 하늘에 제사를 지낼 때부터 술은 신에게 바치는 음식으로 쓰였어요. 술이 사람과 귀신을 이어 준다고 믿었기 때문이지요.

　술은 사람 사이에 정을 나누는 데도 중요하게 쓰였어요. 손님이 찾아왔을 때 술을 대접하는 것을 가장 극진한 대접으로 여겼지요.

잔치를 벌일 때도 술은 빠뜨릴 수 없는 음식이었어요. 농부들은 힘겨운 농사철에 막걸리를 새참으로 나눠 마시며 서로 기운을 북돋웠답니다.

소줏고리 소주를 내릴 때는 가마솥에 막걸리나 약주를 붓고, 솥 위에 소줏고리를 얹은 뒤에 불을 땝니다. 그러면 솥에서 술이 끓으면서 소줏고리 속으로 김이 올라가지요. 이 김이 소줏고리의 윗부분을 덮은 솥뚜껑에 닿으면 물방울이 되어 맺혀요. 그러곤 옆에 달린 주둥이를 통해 밖으로 흘러나오지요. 바로 이 액체가 전통 소주이고, 이렇게 흘러나온 액체를 모으는 것을 '소주 내리기'라고 한답니다.

솥에서 올라온 김이 소줏고리를 덮은 솥뚜껑에 물방울로 맺히는 까닭은?

소줏고리를 덮은 솥뚜껑에 찬물이 담겨 있기 때문이에요. 수증기는 차가운 물체를 만나면 물방울이 되어 맺히는 성질이 있거든요.

누룩고리

누룩을 만드는 틀이에요. 누룩은 술을 만들 때 쓰는 발효제랍니다. 껍질째 빻은 밀을 반죽해 누룩고리에 채워 넣고 발로 꽉꽉 밟아서 만드는데, 방이나 헛간 같은 곳에 매달아 놓고 말리면 곰팡이(누룩곰팡이와 효모)가 피어나요. 우리 조상들은 대대로 쌀을 발효시켜 술을 빚어 왔는데, 쌀을 술로 발효시켜 주는 것이 바로 이 곰팡이들이랍니다.

술독

술을 담그거나, 걸러 놓은 술을 보관하던 독이에요. 누룩에 곰팡이가 피면 잘게 부수어서 물을 넣고 쌀밥과 함께 버무려요. 이렇게 버무린 것을 술독에 담아 두면 독 안에서 밥이 부글부글 끓어오르죠. 누룩에 깃들여 살던 곰팡이들이 쌀을 술의 주요 성분인 알코올로 분해하기 시작한 거예요.

용수

술이나 장을 거를 때 쓰는 도구예요.
독에서 술이 다 익으면 술독 안에 용수를 넣어요.
그러면 용수 안에 맑은 술이 모이는데,
이것을 떠낸 것을 약주 또는 청주라고 해요.
막걸리는 약주를 떠내고 남은 찌꺼기에 물을 붓고
걸쭉하게 걸러 낸 술이랍니다. 농부들이 새참으로
즐겨 마셨기 때문에 '농주'라고도 불렀지요.

도자기

우리 나라의 유명한 도자기인 청자와 백자 중에는
술병과 술잔이 유난히 많답니다. 술병과 술잔은 술을 마시는
도구이면서 생활에 멋을 더해 주는 장식물 역할도 했거든요.

초 항아리

식초를 담던 항아리예요. 옛날에는 식초를 술로 빚었어요.
옹기로 된 초 항아리에 막걸리나 약주를 부어 부뚜막에
올려놓으면, 술이 발효되어 식초가 되었지요.
요즈음 우리가 먹는 양조식초도 이런 원리로 만들어진답니다.

음식과 약은 하나

우리 조상들은 먹는 것과 약이 같다고 보았어요. 아플 때에 약을 먹고 병을 고치는 것보다 평소에 밥을 잘 먹어 건강을 지키는 것이 중요하다고 생각했고요. 그래서 우리 조상들은 음식의 재료가 우리 몸에 각각 어떤 영향을 미치는지, 서로 잘 어울리는 음식 재료는 무엇이고 함께 써서 건강을 해치는 것은 무엇인지, 그리고 음식 재료의 약효를 가장 높일 수 있는 요리법은 어떤 것인지 꼼꼼히 알아보았답니다. 요리에 들어가는 양념 하나하나에도 이러한 노력이 녹아 있었어요.

양념 단지

소금, 고춧가루, 깨 같은 양념을 담아 두던 단지예요. 쓰기 편하게 단지 여러 개를 붙여 놓고 손잡이도 달아 놓았지요. 양념이란 원래 '약념'이라는 말에서 나왔어요. 약념이란 '약을 짓는 생각'이라는 뜻이에요. 음식에 넣는 양념 하나도 약처럼 중요하게 생각하고 조심스럽게 사용하던 옛사람들의 마음이 담겨 있지요.

양념을 진짜 약으로 쓸 수 있을까?

우리 음식에 널리 쓰이는 양념인 마늘과 파, 생강은
한방에서 모두 약으로 쓰입니다. 마늘은 감기에서부터
암, 뇌졸중, 동맥경화까지 다양한 질병에 치료 효과가 있고,
파는 소화를 돕고 감기를 막아 주어요.
또한 생강은 감기와 배앓이를
다스리는 데 그만이랍니다.

약탕기

한약재를 달이던 그릇이에요. 옛날 사람들은
인삼, 대추, 생강, 모과, 유자 같은 약재료를
약탕기에 달여 음료로 마시기도 했어요.
이 음료들은 건강에 좋고 질병을 다스리는 효과가
있기 때문에 지금도 많은 사람들이 즐겨 마신답니다.

뚝배기

삼계탕을 끓이던 그릇이에요.
무더운 여름철에 땀을 뻘뻘 흘리며 먹는
삼계탕에는 '먹는 것이 약이다'라는
옛사람들의 뜻이 녹아 있어요.
단백질이 풍부한 닭고기는 여름철에
기운을 북돋는 데 큰 역할을 하거든요.
삼계탕에 부재료로 들어가는 인삼,
대추, 밤 같은 재료에도 우리 몸을
이롭게 하는 성분들이 가득하고요.

술병

옛날 사람들은 인삼, 매실, 구기자 같은 약재로 술을 담가 먹기도 했어요. 이런 술을 '약용주'라고 하는데, 약용주는 적당한 양을 꾸준히 먹으면 질병을 막아 주는 효과가 있대요. 그래서 흉년이 들어 나라에서 곡식으로 술을 담가 먹는 것을 금지할 때도 약용주를 담그는 것은 금지하지 않았답니다.

약식

찰밥에 대추, 밤, 잣 등 산과 들에서 나는 몸에 좋은 열매들을 고루 섞어 만든 음식이에요. 정월대보름에 많이 먹었는데, 약이 되는 음식이라는 뜻에서 약식, 또는 약밥이라고 부른답니다.

동의보감

1610년에 허준이 펴낸 한의학 책이에요. 우리 민족이 걸리기 쉬운 질병과 그에 맞는 치료법이 나와 있어요. 또한 각각의 질병에 어떤 음식이 좋은지, 사람에 따라 몸에 맞는 음식은 무엇이고 맞지 않는 음식은 무엇인지 꼼꼼히 정리되어 있어요.

고기보다 친근한 나물 반찬

우리나라에서는 예부터 가축을 기르는 목축업보다 곡식과 채소를 기르는 농업이 발달했어요. 그러다 보니 곡식과 채소를 많이 먹는 음식 문화가 발달했고요.

그 가운데 채소는 특히 반찬의 재료로 중요하게 쓰였는데 우리 조상들은 채소를 맛있게 먹기 위해 여러 가지 요리법을 개발했어요. 채소의 독특한 맛과 향, 그리고 씹히는 질감을 즐기기 위해 채

일본과 중국에는 쌈을 싸 먹는 풍습이 없다고?

쌈을 싸 먹으려면 노는 손이 있어야 해요.
그런데 일본과 중국 사람들은 한 손으로 밥그릇을 들고
한 손으로 젓가락을 들고 식사를 하기 때문에
쌈을 싸 먹기가 어렵답니다.
쌈을 들 수 있는 노는 손이 없으니까요.

소를 생으로 먹기도 하고, 데치거나 무치거나 튀겨 먹기도 했지요.

또 제철에 나는 채소를 말려 두었다가 채소가 나지 않는 추운 겨울에 반찬거리로 쓰는 지혜도 발휘했답니다.

소쿠리

대나무를 얇고 가늘게 쪼개어 짠 그릇이에요. 과자나 과일을 담는 데도 쓰고, 채소를 씻어 물을 빼는 데도 썼지요. 상추나 배추 같은 채소는 씻어서 소쿠리에 담아 두었다가 물기가 빠지면 생으로 밥을 싸 먹기도 했어요. 이렇게 먹는 채소를 쌈이라고 하는데, 쌈 채소는 별다른 조리 과정을 거치지 않기 때문에 채소가 지닌 고유한 맛과 향을 그대로 살릴 수 있답니다.

자배기

옹기그릇으로, 들기 편하게 손잡이가 달려 있어요.
얼핏 보면 독의 뚜껑처럼 생겼지만, 바닥이 깊지요.
그래서 부피가 큰 채소를 씻거나 소금에 절이거나
삶은 나물을 물에 불릴 때 요긴하게 쓰였어요.
또한 설거지 그릇으로도 널리 이용되었답니다.

콩나물시루

콩나물을 기르던 그릇이에요. 채소가 나지 않는
겨울철에 옛날 사람들은 콩나물시루에다 콩나물을
길러 먹었어요. 불린 콩을 콩나물시루에 넣고
하루에 대여섯 차례씩 물을 주면,
약 5일 뒤에는 맛있는 콩나물을 먹을 수 있지요.

채반

껍질을 벗긴 싸리나 버드나무, 대나무 등의 가느다란 채로 촘촘히 결어 만든 둥글넓적한 그릇이에요. 옛날 사람들은 가을이 되면 호박, 가지, 고구마 순 등을 썰어 채반에 담고 햇볕에 바짝 말렸어요. 이렇게 말린 나물은 쉽게 썩지 않았기 때문에 겨우내 두고두고 먹을 수 있었답니다.

다래끼

대나무, 칡덩굴, 싸리, 짚 등을 엮어 만든 작은 바구니예요. 끈을 길게 달아 어깨에 메거나 허리에 차게 되어 있는데, 반찬으로 쓸 산나물을 캐 올 때 옛날 사람들은 다래끼에 담아 왔어요.

통과의례와 함께하는 특별한 상차림

아이가 태어나 첫 한 해를 넘기면 옛날에는 돌잔치를 크게 치렀어요. 그 아이가 자라 어른이 되면 관례를 치르고, 결혼을 하면 혼례를 치르고, 만으로 60세가 되면 회갑례를 치렀지요.

이처럼 살아가면서 중요한 고비를 넘길 때마다 치르는 특별한 의식을 '통과의례'라고 해요. 우리 조상들은 통과의례를 치를 때면 늘 간절한 기원과 소망을 담은 특별한 상을 차렸어요.

원반

옛날에는 태어나서 한 해를 넘기지 못하고 죽는 아이들이 많았어요. 그래서 아이가 태어나 첫돌을 넘기면 축하하는 뜻으로 돌잔치를 했지요. 돌잔치 때 사람들은 아기를 위해 둥그런 원반에 돌상을 차려 주었어요.

돌상에는 하얀 쌀밥과 국수, 과일, 송편, 백설기, 수수경단 등이 놓였어요. 국수에는 국수 가락처럼 길게, 오래 살라는 뜻이, 붉은 수수경단에는 재앙이나 못된 귀신을 물리치라는 뜻이 담겨 있었지요.

돌상에 붓과 활 같은 물건을 놓는 까닭은?

아이의 앞날을 점치기 위해서예요. 옛날 사람들은 아기가 돌상에서 활을 가장 먼저 잡으면 장수가 되고, 붓이나 종이, 책을 먼저 잡으면 선비가 되며, 쌀을 잡으면 부자가 된다고 믿었어요. 돌을 맞은 아이가 여자아이면 돌상에 활 대신에 바느질 도구를 올려놓았답니다.

제기

우리 조상들은 제사를 지낼 때 평소에 쓰던 그릇을 올리지 않았어요. 굽이 있는 나무 그릇이나 유기그릇, 또는 사기그릇을 한 벌 맞추어 제사 때만 사용했지요. 이렇게 제사 때 쓰는 그릇을 제기라고 합니다.

망건과 비녀

망건은 상투를 틀 때 머리카락이 흘러내리지 않도록 머리에 두르던 띠를 말하고, 비녀는 쪽머리를 고정시키던 장식품을 말해요. 옛날에는 아이가 자라 열다섯 살을 넘기면 어른이 된 것을 축하하는 의식을 치렀어요. 이 의식을 관례라고 하지요. 관례 때 남자아이는 땋거나 풀고 다니던 머리를 끌어올려 상투를 틀고 망건과 관모를 썼고, 여자아이들은 쪽을 찌고 비녀를 꽂았어요. 특히 남자아이들은 이날 처음으로 술상을 받고 어른으로부터 술 마시는 법도 배웠답니다.

삼신상

아기가 태어나는 달이 되면 시부모나 남편은 산모에게 좋다는 미역을 사다가 시렁에 매달아 놓고, 깨끗한 쌀도 자루에 담아 준비해 두었어요. 아기가 태어나려고 하면 소반에 이 미역과 쌀을 올려 삼신상을 차린 후 정화수를 한 그릇 올리고, 사람에게 자식을 점지해 준다는 삼신할머니께 아기가 무사히 태어나게 해 달라고 빌었답니다.

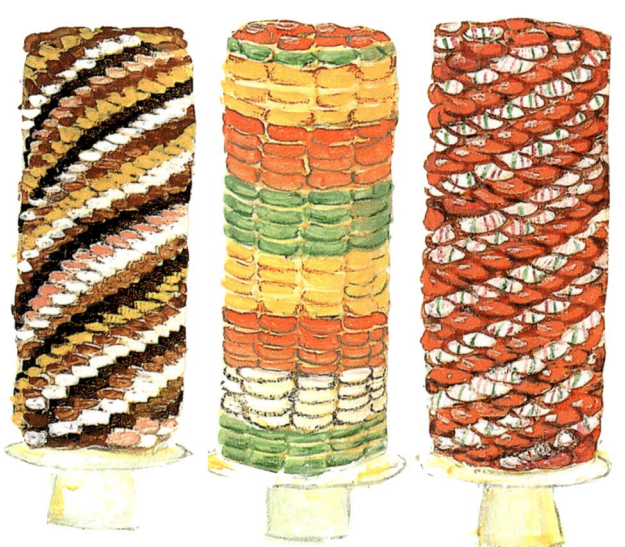

고배 음식

회갑례나 혼례 때 차린 잔칫상을 보면 그릇마다 음식이 차곡차곡 높이 쌓여 있어요. 이런 상차림을 고배상이라고 하는데, 고배상에 높이 쌓인 음식에는 존경과 축하의 뜻이 담겨 있답니다.

반병두리

국수를 담던 그릇이에요. 돌상과 혼례상, 회갑상 같은 잔칫상에는 어김없이 국수가 올랐어요. 여기에는 기다란 국숫발처럼 오래오래 행복하게 살라는 뜻이 담겨 있었지요. 옛날에는 밀가루 국수가 잔칫날에만 먹을 수 있는 귀한 음식이었답니다. 국수의 재료인 밀이 우리 땅에서 많이 나지 않았거든요.

가마솥에 지은 밥은 왜 맛이 좋은가?

같은 사람이 같은 쌀로 지어도, 가마솥에다 지은 밥은 다른 솥에 지은 밥보다 맛이 좋아요. 밥에 기름기가 좌르르 흐르고 고소한 냄새가 솔솔 풍겨 군침이 꼴딱 넘어가지요.

가마솥 밥은 왜 그렇게 맛있을까요?

가마솥은 밥이 익는 원리가 압력밥솥과 같아요. 솥뚜껑이 몹시 무거워서 불을 때면 수증기가 빠져나가지 못하고 솥 안에 모이게 되지요. 이 때문에 솥 안의 압력이 높아져서 가마솥에서는 밥이 빨리 익어요. 그런 만큼 쌀 고유의 맛과 향이 남아 밥맛이 달짝지근하지요.

더욱이 가마솥은 압력밥솥보다 솥바닥이 두꺼워요. 그래서 열이 솥 전체에 고르게 전해지지요. 덕분에 가마솥 밥은 압력밥솥의 밥보다 맛이 좋답니다. 압력밥솥은 열기가 고르게 전해지지 않아 위쪽 밥이 설익을 때가 있지만, 가마솥 밥은 항상 전체적으로 고르게 익으니까요.

가마솥으로 밥을 지으면 좋은 점이 또 있어요. 솥바닥에 노랗게 눌어붙은 누룽지로 구수한 숭늉을 끓여 먹거나 미숫가루를 내 먹을 수 있다는 점이지요.

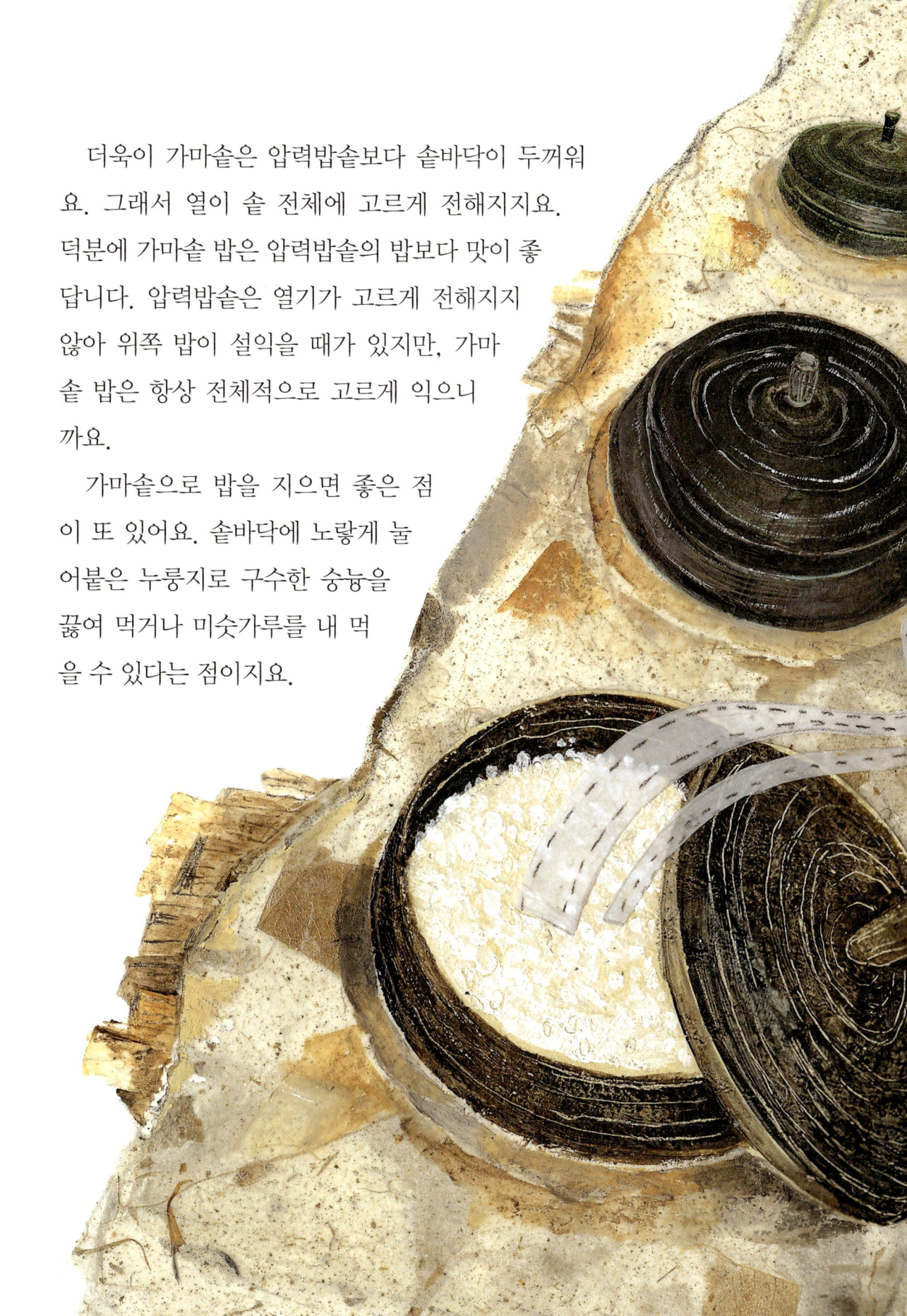

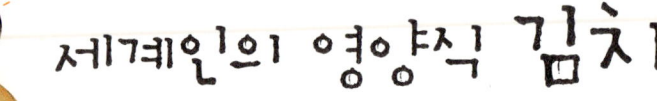

세계인의 영양식 김치

예전에 '사스'(중증 급성 호흡기 증후군)라는 무서운 전염병이 퍼져 세계 곳곳에서 많은 사람들이 목숨을 잃었어요. 하지만 우리나라에서는 사스 환자가 한 사람도 나타나지 않았답니다. 세계 사람들은 그 까닭이 무엇인지 궁금해했어요. 그리고 끼니때마다 김치를 먹기 때문에 그런 게 아닐까 생각하기 시작했지요.

김치가 사스를 물리치는 데 어떤 영향을 미치는지는 아직 정확하게 밝혀지지 않았어요. 하지만 김치에 건강을 지키고 질병을 막아 주는 성분이 많이 들어 있는 것은 사실이랍니다.

　먼저, 김치에는 젖산균이 많이 들어 있어요. 젖산균은 김치를 새콤달콤하게 익혀 주는 미생물로, 유산균이라고도 불러요. 이 젖산균은 음식물의 소화를 돕고 암을 예방하는 놀라운 작용을 한답니다.

　한편, 김치에 들어가는 고추와 마늘은 해로운 세균을 없애고 우리 몸의 면역력을 키워 주는 성질이 있어요. 면역력이란 우리 몸이 질병을 스스로 이기는 능력을 말하는데, 면역력이 커지면 병에 잘 걸리지 않고, 병에 걸렸다 해도 쉽게 이겨 낼 수 있답니다.

　김치에는 우리 몸에 꼭 필요한 비타민과 무기질도 풍부해요. 또한 열량이 낮고 섬유소가 많아 비만과 당뇨병을 비롯한 여러 가지 성인병을 막아 주는 작용도 하지요. 이처럼 과학적으로도 대단히 우수한 식품이라는 점이 밝혀지면서, 우리의 전통 음식 김치는 세계적으로 인기가 치솟고 있답니다.

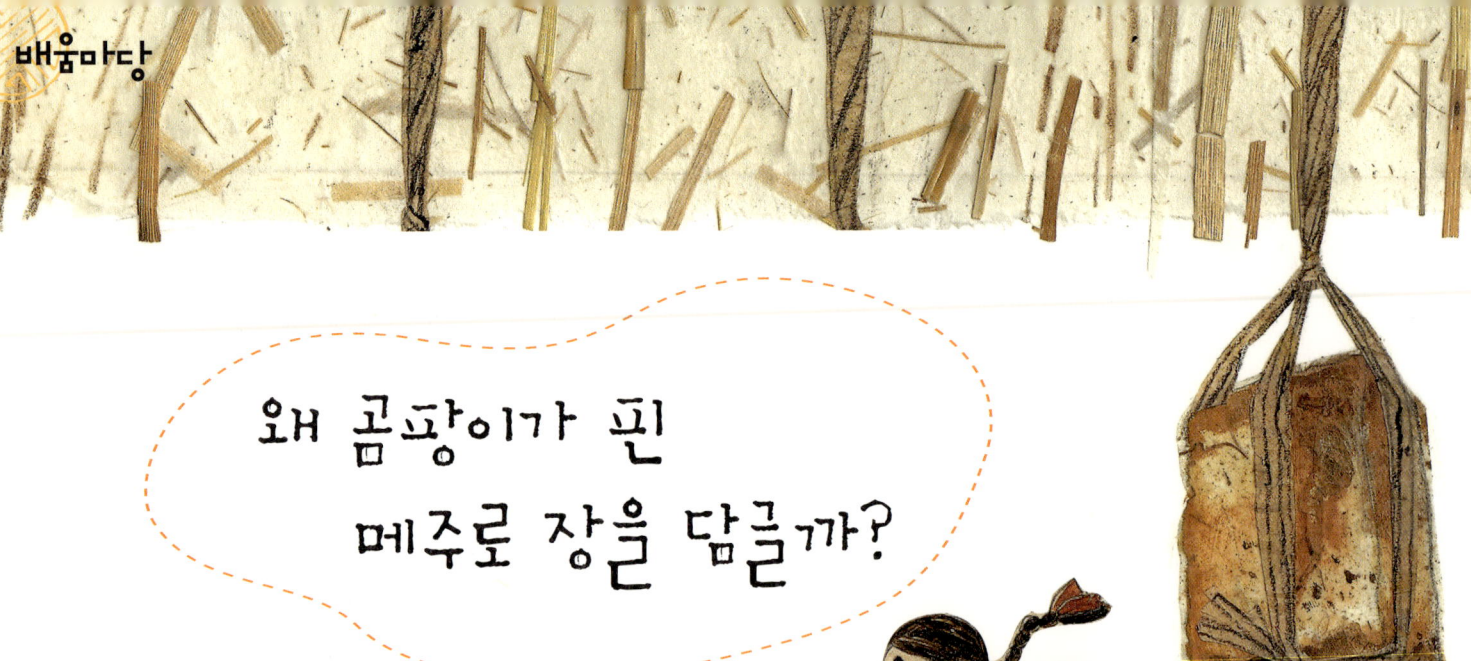

왜 곰팡이가 핀 메주로 장을 담글까?

메주는 추운 겨울에 빚어서 말려요. 그런데 일부러 따뜻한 곳에 두어 얼룩덜룩 곰팡이가 피게 한답니다. 메주의 바깥쪽이 하얗게, 안쪽이 누렇게 곰팡이가 피면, 옛날 사람들은 '메주 꽃이 피었네' 하고 좋아하며 장을 담갔어요.

그런데 장은 왜 곰팡이가 핀 메주로 담그는 걸까요?

곰팡이는 축축하고 지저분한 곳이나 상한 음식에 피기 때문에 몸에 해롭다고 생각하기 쉬워요. 하지만 곰팡이 중에는 사람에게

　이로운 것도 많답니다. 특히 메주에 피는 곰팡이는 장의 맛과 영양을 높이는 데 없어서는 안 될 중요한 역할을 하지요.
　콩은 식물성이면서도 단백질이 많이 들어 있는 훌륭한 식품이지만, 소화가 잘 안 되는 단점이 있어요. 그런데 메주에 핀 곰팡이는 소화가 잘 안 되는 콩의 단백질을 소화가 잘되는 아미노산으로 쪼개는 역할을 한답니다. 이 아미노산 때문에 장맛이 구수해지니까, 알고 보면 장을 빚는 요리사는 이 곰팡이들이라고 할 수 있지요.
　그뿐인가요? 이렇게 빚은 된장은 발효 과정에서 암을 물리치는 성분까지 만들어져, 건강 식품 중에서도 으뜸으로 꼽힌답니다.

음식 맛을 지켜 주는 그릇 옹기

곰팡이나 세균처럼 아주 작은 생물(미생물)의 힘을 빌려 저장 기간을 늘리고 맛과 영양을 높이는 음식을 '발효 음식'이라 합니다. 우리 음식 중에는 발효 음식이 많답니다. 간장, 된장, 고추장, 김치, 젓갈이 모두 발효 음식이지요.

그런데 우리나라에는 발효 음식이 이렇게 발전할 수 있도록 뒷받침해 준 특별한 그릇이 있어요. 바로 옹기랍니다.

옹기란 흙으로 빚어 높은 온도에서 구워 낸 그릇을 말해요. 독, 항아리, 소줏고리 등이 여기에 들어가는데, 옹기의 벽에는 우리 눈에 보이지 않는 아주 작은 구멍이 수없이 뚫려 있어요.

장, 김치, 젓갈의 발효를 담당하는 곰팡이와 균류는 공기가 적당히 있어야 활동할 수 있답니다. 옹기는 다른 그릇과 달리, 보이지 않는 작은 구멍을 통해 이들에게 필요한 공기가 드나들 수 있어요. 이렇게 해서 옹기는 발효 음식의 맛과 영양을 지켜 줍니다.

3첩 반상, 5첩 반상이란 무슨 뜻일까?

우리나라의 전통 밥상을 가리킬 때 사람들은 '3첩 반상' '5첩 반상' 이라는 말을 씁니다. 대체 3첩 반상, 5첩 반상이란 무슨 뜻일까요?

반상이란 밥과 반찬으로 상을 차려놓은 것을 말해요. 이 말 앞에 붙는 3첩과 5첩은 반찬의 가짓수를 가리키고요.

하지만 3첩 반상이 딱 반찬 세 가지로만 차려지는 건 아니랍니다. 5첩 반상도 반찬 다섯 가지로만 차려지지 않고요. 우리나라의 상차림 에서 국과 김치 종류는 상에 올라도 반찬의 가짓수에 넣지 않거든요.

실제로 3첩 반상은 밥에 국 하나, 김치 하나가 차려지고 여기에 반찬 세 가지가 더 붙는 상차림을 말해요. 전통적인 상차림 가운데 가장 소박한 것으로 일반 백성들이 차려 먹던 밥상 차림인데, 간단 해 보이지만 영양의 균형은 충분했다고 해요.

한편 5첩 반상은 밥에 국 하나, 찌개 하나, 김치 두 가지, 그리고 반찬 다섯 가지가 더 붙는 상차림을 말한답니다.

짭짤한 남쪽 음식, 심심한 북쪽 음식

　우리나라의 가장 북쪽 지방인 함경북도에서 가장 남쪽 지방인 제주도까지 음식 맛을 죽 살펴보면, 재미있는 사실을 알 수 있어요. 북쪽으로 갈수록 간이 심심하고 남쪽으로 갈수록 짜다는 것이지요. 왜 그럴까요?

　소금은 음식의 맛을 돋우는 역할도 하지만, 음식이 상하지 않게 하는 역할도 합니다. 그런데 소금을 얼마나 넣어야 음식이 상하지 않는가는 지방에 따라 달라져요. 우리나라의 남쪽 지방은 여름이 길고 무더우며, 겨울은 짧고 따뜻합니다. 반대로 북쪽 지방은 겨울이 길고 추우며 여름이 짧고 서늘하지요.

　그래서 서늘한 날씨가 많은 북쪽 지방은 간을 약하게 해도 음식이 빨리 상하지 않아요. 이에 반해 날씨가 따뜻한 남쪽 지방은 음식이 쉽게 상하기 때문에 소금 간을 세게 하지요. 지방마다 소금 간이 다른 데는 이런 이유가 있답니다.

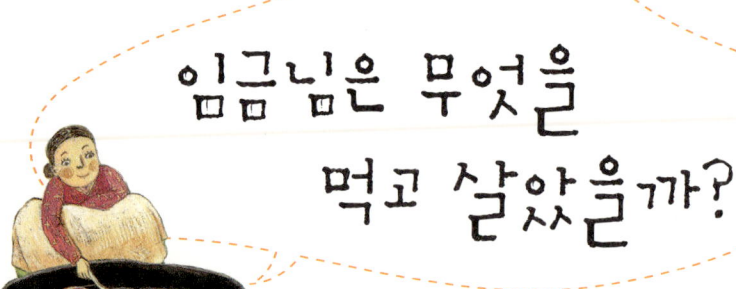

임금님은 무엇을 먹고 살았을까?

조선 시대에는 왕의 밥상을 수라상이라고 불렀어요. 수라상에는 밥과 국만 해도 두 가지씩 올랐어요. 흰쌀밥과 붉은 팥밥, 미역국과 곰탕을 올려 임금이 입맛에 맞게 골라 먹게 했지요.

수라상에는 이 밖에도 찜이 한 가지, 찌개가 두 가지, 즉석에서 끓여 먹는 전골이 한 가지 올랐어요. 동치미를 비롯한 김치도 세 가

지나 올랐고, 산과 들과 바다에서 나는 갖가지 귀한 재료를 조리해 만든 반찬이 12가지나 올랐지요.

임금은 하루에 세 차례, 곧 아침, 점심, 저녁에 이런 수라상을 받았어요. 새벽에는 죽으로 차린 죽 수라를 먹고, 한밤중에는 야참을 먹었고요.

하지만 모든 임금이 이렇게 화려한 밥상을 받았던 것은 아니랍니다. 조선 후기에 개혁 정책을 실시한 영조(1694~1776)는 고기 반찬을 입에 대지 않으며 근검절약을 실천했어요. 뒤이어 임금이 되어 조선 후기 문화의 꽃을 피운 정조(1752~1800)도 하루에 두 끼만 들면서 밥상에 반찬을 너댓 가지 이상 올리지 못하게 했답니다.

> 여름에는 시원한 사기그릇,
> 겨울에는 따뜻한 놋그릇

　옛날 사람들은 계절에 따라 사용하는 그릇이 달랐어요. 가을부터 겨울까지는 놋쇠로 만든 놋그릇(유기)을 쓰다가, 봄이 되면 놋그릇을 모두 치우고 사기그릇을 꺼내 여름까지 사용했답니다. 번거롭게 왜 이런 일을 되풀이했을까요?

　놋그릇은 은은한 금빛을 띠고 있어 보기에 좋아요. 해로운 균이나 벌레를 없애는 성질이 있고, 독이 있는 음식을 담으면 색깔이 까매져서 위험을 알려 주지요. 또 찬 음식은 차게, 더운 음식은 따뜻하게, 그 온도를 유지하여 음식의 맛을 높여 주어요. 그래서 놋그릇은 예부터 최고의 그릇으로 여겨졌지요.

하지만 이렇게 좋은 점이 많은 놋그릇도 여름철에는 쓰기 불편하답니다. 여름철에는 뜨거운 음식을 먹기가 힘든데 놋그릇은 밥과 국을 빨리 식혀 주지 않거든요. 더욱이 우리나라의 여름은 습도가 매우 높은데, 놋그릇은 습기에 약해 녹이 많이 끼게 돼요.

그래서 우리 조상들은 단오부터 추석까지 더운 여름철에는 사기그릇에 음식을 담아 먹었어요. 사기그릇은 음식을 빨리 식혀 주고, 습기에 강해 그릇에 녹이 끼지 않거든요. 날마다 먹는 밥과 국이라도 좀 더 맛있게 먹기 위해 그릇 하나에까지 정성을 기울인 거지요.

배움마당

음식을 남기는 것이 예의였다고?

밥을 먹다가 반찬을 한두 개 남겨 놓고 숟가락을 놓으면 엄마가 잔소리를 하지요. 버리자니 아깝고 나중에 다시 먹자니 지저분하다며, 그냥 먹고 치우라고 말이에요. 그런데 옛날에 이름 높은 양반들은 반찬 그릇을 싹싹 비우지 않았답니다. 배가 좀 덜 차도 음식을 꼭 조금씩 남겨 놓았지요. 왜냐고요?

옛날에는 남자와 여자, 윗사람과 아랫사람 사이에 차별이 심했어요.

 여자는 남자보다 하찮게 여겨져 방에서 상을 받지 못하고, 부엌에서 남자들이 물린 상으로 식사를 했지요.
 같은 남자들끼리도 어린아이들은 할아버지나 아버지가 먹고 남긴 상을 물려받아 밥을 먹었어요. 그래서 윗사람들은 반찬을 남기는 것을 미덕으로 알았답니다. 나중에 먹을 아랫사람을 위해서 말이지요.
 실제로 옛날 양반들은 생선도 가시 위쪽만 발라먹지 아래쪽은 건드리지 않는 것을 예의로 알았어요. 맛있는 반찬만 골라 먹지 않고 모든 반찬을 골고루 조금씩 아껴서 먹은 것은 물론이고요.

옛날에는 기름 묻은 그릇을 어떻게 닦았을까?

주방 세제로 그릇을 닦으면 그릇이 뽀득뽀득 깨끗해져요. 그런데 주방 세제가 없던 옛날에는 기름 묻은 그릇을 어떻게 닦았을까요?

옛날 사람들은 쌀을 씻을 때 나오는 뿌연 쌀뜨물을 받아 두었다가 설거지물로 썼어요. 쌀뜨물에 기름기를 없애 주는 성질이 있기

때문이었지요. 다만, 쌀뜨물은 요즘 나오는 주방 세제처럼 세척력이 강하지 않아 설거지통에 기름이 뜨면 다른 그릇도 끈적끈적해지기 쉬웠어요.

그래서 옛날 아낙네들은 설거지도 순서를 정해서 했답니다. 기름기가 없는 그릇을 먼저 씻어 낸 다음에 기름기가 어느 정도 있는 그릇을 씻었지요. 그리고 기름기가 아주 많은 그릇은 따로 모아 종이로 기름기를 닦아 낸 뒤 수세미에 녹두 가루를 묻혀 닦거나 뜨거운 물로 닦아 냈어요.

익힘마당

옛날 물건 VS 요즘 물건

김치광 VS 김치 냉장고

김치광 옛날에 김장독을 땅에 묻어 보관하던 곳. 겨울철에도 땅속은 0℃에서 10℃ 사이의 일정한 온도를 유지하기 때문에 김치가 얼지 않고 오래가며 맛있게 익어요.

김치 냉장고 김치를 따로 보관하는 냉장고. 낮은 온도가 일정하게 유지되어 김치가 오래가고 맛있게 익어요.

번철 VS 프라이팬

프라이팬 전이나 지짐이를 부치는 그릇. 바닥이 두껍고 표면이 특수하게 처리되어 있어 눋지 않아요. 가벼워서 들기도 편하지요.

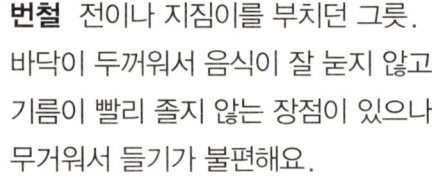

번철 전이나 지짐이를 부치던 그릇. 바닥이 두꺼워서 음식이 잘 눋지 않고 기름이 빨리 졸지 않는 장점이 있으나 무거워서 들기가 불편해요.

짚수세미 vs 철수세미

짚수세미 그릇을 닦던 도구.
오래 쓰면 닳아서 버려야 했어요.
습기에 약해 썩기 쉬워요.

철수세미 그릇을 닦는 도구.
튼튼해서 오랫동안 쓸 수 있으며,
습기에 강해 잘 썩지 않아요.

돌확과 갈돌 vs 전기 믹서

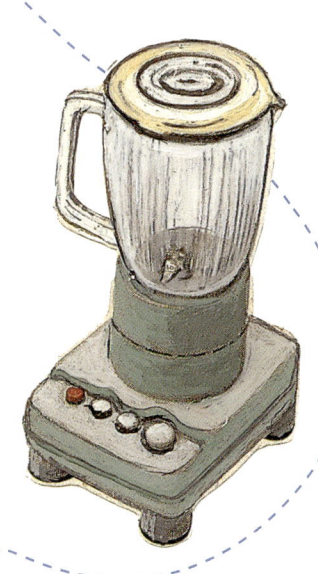

전기 믹서 전기로 날카로운 칼날을
회전시켜 음식물을 갈아 내지요.
음식물을 빠르고 손쉽게 갈지만
무서운 속도로 도는 칼날 때문에
좋지 않은 열이 생겨 영양분이
파괴되기 쉬워요.

돌확과 갈돌 양념을 갈던 도구.
넓적한 것이 돌확이고, 손에 쥐고
갈게 되어 있는 것이 갈돌이에요.
음식물을 천천히 갈기 때문에
영양분의 파괴가 적어요.

시루 vs 전기 찜기

시루 아궁이의 불로 물을 끓여 음식을 쪄요.
김이 오르기까지 시간이 한참 걸리기 때문에
찌는 시간이 오래 걸려요.

전기 찜기 전기로 김을 일으켜 음식을 쪄요.
고속 스팀 분사기가 김을 빨리 올려 주기
때문에 음식을 빠르게 찔 수 있어요.

뒤주 vs 쌀통

뒤주 쌀, 콩, 팥 등의 곡식을 담아 두던 통. 나무로 만들고, 다리를 높직하게 한 것이 특징이에요. 밥을 지을 때마다 일일이 뚜껑을 열고 쌀을 퍼내야 했지요.

쌀통 쌀을 담는 통. 나무나 플라스틱으로 만들어요. 단추를 누르거나 밀면 뚜껑을 열지 않아도 쌀이 나와요.

국수틀 vs 제면기

국수틀 국수를 뽑아 주던 틀. 곡식 가루를 반죽해 분통에 알맞은 크기로 빚어 넣고 공이를 누르면 국수가 빠져나와요.

제면기 국수를 뽑아 주는 기계. 반죽을 따로 할 필요 없이 밀가루와 물을 넣고 버튼을 누르면 국수가 나와요.

대소쿠리 vs 플라스틱 소쿠리

대소쿠리 대나무를 쪼개 만든 소쿠리. 씻은 나물을 담아 두면 물기가 잘 빠지지만, 습기에 약해 잘 썩어요.

플라스틱 소쿠리 씻은 나물을 담아 두면 물기가 잘 빠지지만, 습기에 강해 잘 썩지 않아요.

화로 vs 휴대용 가스버너

화로 재를 담고 숯불을 묻어 방 안 공기를 덥혀 주던 기구. 음식을 간단하게 익히거나 데울 때도 쓰고, 인두를 묻어 두었다가 다림질할 때도 썼어요.

휴대용 가스버너 휴대용 가스를 사용하여 열을 내는 기구. 간단하게 음식을 하는 데만 쓰지요. 가지고 다니기에 편리해요.

쳇도리 vs 플라스틱 깔때기

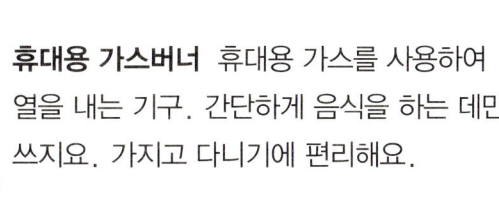

쳇도리 액체를 병처럼 주둥이가 좁은 그릇에 옮겨 담을 때 쓰던 도구예요. 옹기의 한 종류로, 무겁고 깨지기 쉽지만 뜨거운 국물을 부어도 몸에 해로운 물질이 생기지 않아요.

플라스틱 깔때기 쳇도리처럼 액체를 주둥이가 좁은 그릇에 옮겨 담을 때 쓰는 도구예요. 플라스틱으로 만들어 가볍고 잘 깨지지 않지만 뜨거운 국물을 부으면 몸에 해로운 성분이 생기기 쉬워요.

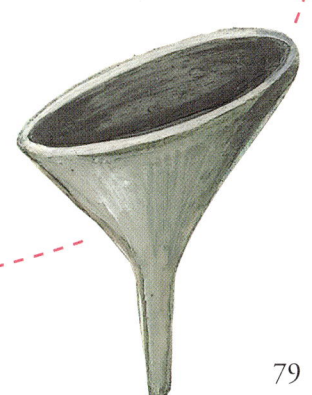

시리즈소개

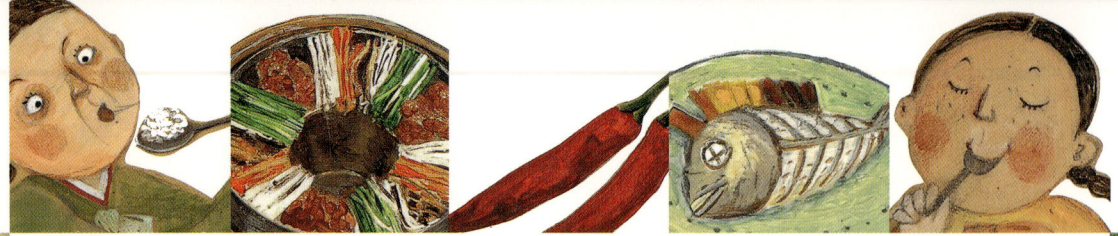

옛 물건으로 만나는 우리 문화 시리즈

1권 음식 가마솥과 뚝배기에 담긴 우리 음식 이야기
가마솥, 조리, 장독, 시루, 뚝배기, 소쿠리, 자배기 등의 옛 물건들을 통해 우리 음식 문화의 특징을 살펴보고, 우리 음식 문화에 숨어 있는 뛰어난 지혜와 슬기를 알아보세요.

2권 명절 복주머니랑 그네랑 신나는 명절 이야기
복주머니, 댕기, 연등, 창포물, 절구 등의 옛 물건에는 여러 가지 이야기가 담겨 있어요. 세시풍속과 명절 음식, 명절 놀이 등을 알아보며 그 속에 배인 조상들의 멋과 풍류, 삶의 지혜를 만나 보세요.

3권 직업과 도구 쓱쓱 쟁기 빙글빙글 물레, 누가 쓰던 물건일까
쟁기, 물레, 풀무, 먹통, 닥돌과 닥방망이. 이게 다 누가 쓰던 물건일까요? 옛 장인들이 쓰던 도구를 살펴보고, 그 쓰임새와 해당 직업에 대해 알아봐요.

4권 교통과 통신 달구지랑 횃불이랑 옛날의 교통 통신
옛날 사람들은 어떻게 다른 고장을 오가고 소식을 주고 받았을까요? 짚신, 가마, 마패, 봉화, 장승, 달구지 등을 통해 교통과 통신 수단의 발달이 우리 생활에 어떤 영향을 미쳤는지 알아보세요.

5권 과학발명품 해시계랑 측우기랑 빛나는 우리 발명품
우리 겨레가 어떤 놀라운 발명품을 만들었는지, 그 발명품들을 어떻게 사용했는지 알아보고, 장영실과 최무선 같은 뛰어난 발명가들을 만나 보세요.

6권 멋 노리개랑 조각보랑 겨레의 멋 이야기
우리 조상들이 만든 옛 물건 가운데는 곱고 멋진 것이 참 많아요. 조상들의 뛰어난 솜씨를 살펴보고 우리 겨레의 삶 속에 숨어 있는 조상들의 멋과 정취를 만나 보아요.

7권 놀이 굴렁쇠랑 새총이랑 신명나는 옛날 놀이
옛날에는 골목마다 십자놀이, 자치기, 소꿉놀이, 제기차기를 하며 노는 아이들이 많았어요. 명절에는 줄다리기, 연날리기, 씨름과 그네뛰기 어른 아이 할 것 없이 신나는 놀이판이 벌어졌고요. 집 안에서 골목에서 들판에서 일 년 열두 달 펼쳐지던 재미있는 옛날 놀이들을 함께 해 보아요.

8권 풍속 장승과 솟대가 들려주는 우리 풍속 이야기
장승과 솟대에는 모두 깊은 뜻이 담겨 있어요. 나쁜 기운과 못된 귀신을 물리쳐 건강하고 행복하게 살고자 하는 소망이 담겨 있지요. 옛날 사람들은 액을 물리치고 복이 들어오기를 바라는 마음으로 부적을 붙이거나 굿을 하기도 했어요. 우리 겨레의 생활과 풍속에 담긴 믿음과 소망을 살펴보세요.

9권 한옥 마루랑 온돌이랑 신기한 한옥 이야기
우리 겨레가 살아온 한옥에는 조상들의 지혜가 숨어 있어요. 자연에 순응하며 살아가던 조상들의 소박한 삶이 숨어 있지요. 온돌, 마루, 지붕, 흙벽, 뒷간 등 한옥에 숨어 있는 옛사람들의 삶과 지혜를 찾아보세요.

10권 생활 의례 청사초롱이랑 꽃상여랑 관혼상제 이야기
사람은 누구나 태어나서 어른이 돼요. 결혼해 아이를 낳기도 하고, 그러다 나이가 들면 세상과 이별을 하지요. 우리 조상들은 이처럼 삶의 중요한 때 특별한 의례를 치러 그 뜻을 기렸어요. 우리 겨레의 뜻 깊은 의례를 보며 더불어 사는 삶을 배워 보아요.

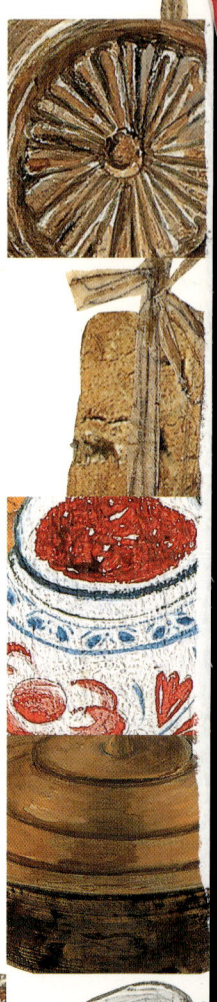